VENTE
DU
Vendredi 14 Mai 1909

HOTEL DROUOT - SALLE N° 11

A DEUX HEURES

Tapisseries Anciennes

OBJETS D'ART & AMEUBLEMENT

TABLEAUX — AQUARELLES

PIERRES & BOIS SCULPTÉS

Bronzes, Meubles, Chaise à porteurs

BIJOUX, OBJETS DE VITRINE & DENTELLES

Mᵉ **HIPPOLYTE BONDU**

COMMISSAIRE-PRISEUR

M. **ÉMILE BERTIER**

EXPERT

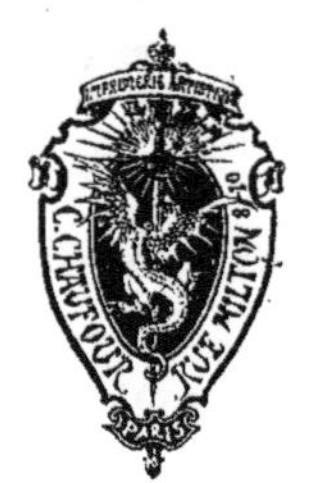

CATALOGUE

DES

TAPISSERIES, OBJETS D'ART

et Ameublement

SALON ÉPOQUE DE LA RÉGENCE

TABLEAUX, GRAVURES, AQUARELLES
Par HARPIGNIES

Porcelaines, Faïences, Objets de vitrine

IMPORTANTE RAMPE D'ESCALIER EN PIERRE SCULPTÉ
DU XVIᵉ SIÈCLE

Bois sculptés, Bronzes, Meubles et Sièges

CHAISE A PORTEURS

Bijoux, Objets de vitrine, Dentelles, Étoffes

DONT LA VENTE AURA LIEU

HOTEL DROUOT — SALLE Nᵒ 11

Le Vendredi 14 Mai 1909

à deux heures

Mᵉ HIPPOLYTE BONDU	M. EMILE BERTIER
Commissaire-Priseur	Expert
32, Rue Le Peletier, 32	149, Avenue du Maine, 149

Chez lesquels se trouve le présent catalogue

EXPOSITION PUBLIQUE

Le Jeudi 13 Mai 1909, de deux heures à six heures

CONDITIONS DE LA VENTE

La Vente sera faite au comptant.

Les acquéreurs payeront *dix pour cent* en sus des enchères.

L'exposition publique mettant les acheteurs à même de se rendre compte de l'état des Tableaux, aucune réclamation ne sera admise une fois l'adjudication prononcée.

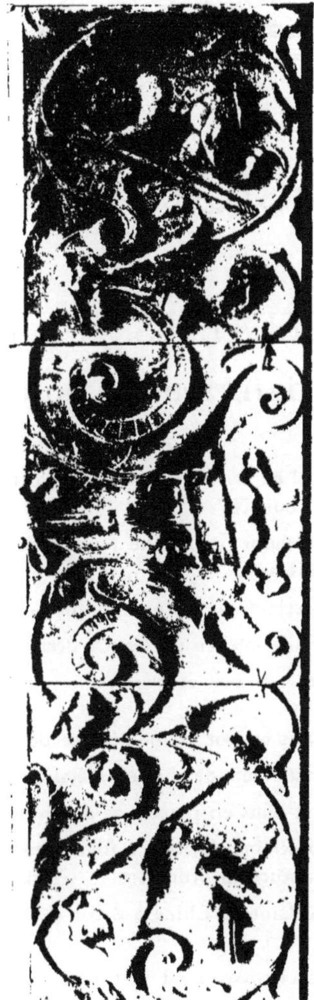

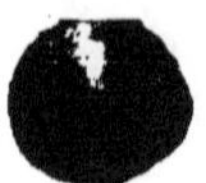

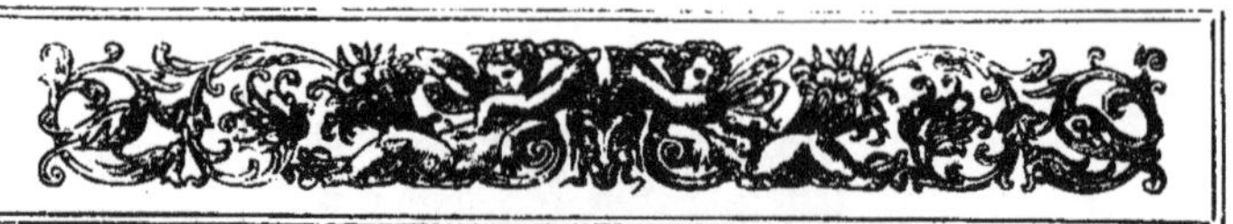

DÉSIGNATION

PORCELAINES. FAIENCES

OBJETS DE VITRINE

1 — Lampe à alcool en cristal taillé et gravé, ornée d'une monture en argent de style Louis XV.

2 — Vase en porcelaine de Chine fond bleu fouetté, à réserves d'ustensiles et oiseaux.

3 — Coupe en porcelaine de Chine, monture en bronze doré.

4 — Plat en ancienne faïence de Delft à décors camaïeu bleu.

5 — Quinze netzukés en bois et ivoire.
Seront divisés.

6 — Théière persane en porcelaine décorée de feuillages bleus et or.

7 — Flacon en cristal, tête de chat en métal argenté.

8 — Six assiettes et plats en porcelaine de Chine.

9 — Coupe en porcelaine de Saxe à fond bleu turquoise et réserves de paysages, monture en bronze.

10 — Vase en porcelaine de Chine à décor de branches de feuillages bleus et or.

11 — Deux vases cache-pots fond vert avec réserves de bouquets de fleurs.

12 — Deux bouteilles en faïence décorée de lambrequins en camaïeu bleu.

13 — Salière en porcelaine de la Compagnie des Indes, décorée d'un écusson héraldique.

14 — Théière en faïence de Nidervillers à bouquets de fleurettes bleues et mascaron de femme en couleur.

15 — Groupe en biscuit représentant trois personnages allégoriques : Dans la partie haute une femme est assise au pied d'un arbre auquel est attaché un médaillon portrait en porcelaine ; dans le bas une autre femme garde un enfant qui tient dans sa main une ancre marine ; socle en marbre blanc.

Haut. : 0^m36.

16 — Deux fraisiers en faïence de Delft à frises de paysages en camaïeu bleu avec leur plateau orné de paysages et personnages.

17 — Deux plats en faïence de Delft polychrome ornés de différents motifs.

18 — Deux assiettes en faïence de Drèves portant la marque de Fourmentaux-Courquin, décorées au Dragon de Chine entouré d'oiseaux et papillons en imitation des anciennes faïences de Rouen.

19 — Bonbonnière en écaille blonde cerclée d'or, ornée sur le dessus d'un édifice en ivoire finement découpé et sculpté, représentant le Temple de l'Amour.

20 — Eventail en ivoire repercé formant dentelle.

21 — Eventail en ivoire ajouré et orné d'attributs, la feuille gouachée représente une scène de l'Histoire Romaine. Epoque Louis XV.

22 — Eventail en nacre incrusté d'or, la feuille peinte sur vélin représente une pastorale. Epoque Louis XV.

23 — Eventail en ivoire repercé à jour et peint, la feuille gouachée représente d'un côté un Concert dans un parc, d'après WATTEAU et d'autre côté des Scènes de Jeux. Epoque Louis XV.

24 — Petit éventail en écaille blonde, orné de peintures représentant des bouquets de fleurs.

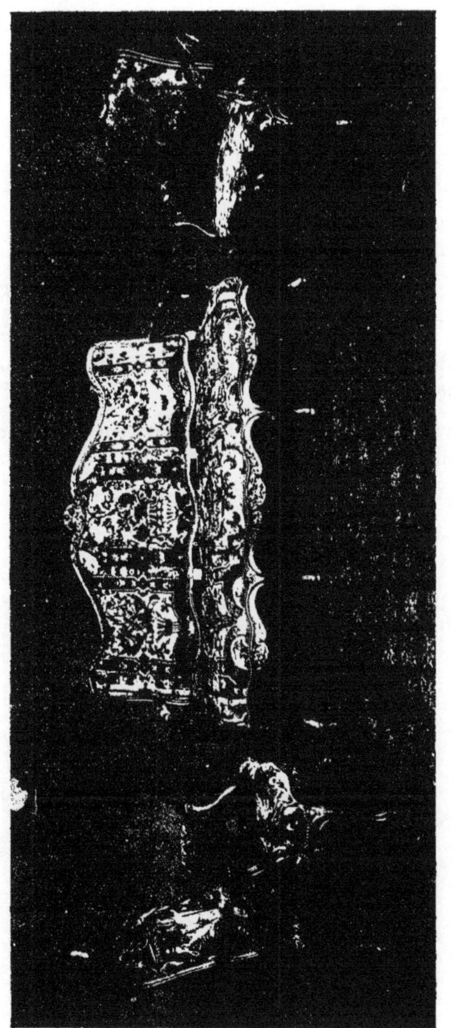

25 — Éventail tout en ivoire finement découpé à trois réserves contenant des pastorales.

26 — Deux burettes et leur plateau en vermeil à décors d'entrelacs de feuillages, de cariatides et têtes d'archanges. Époque Louis XIII.

27 — Salière en émail orné de bouquets de fleurs.

28 — Miniature représentant un bouquet de roses, chrysanthèmes et coquelicots. Signée : VÉRI. Cadre ovale en cuivre.

29 — Grand médaillon en argent renfermant un fixé à l'image de Saint Antoine de Padoue. Époque Louis XIII.

30 — Vase de forme ovoïde en argent gravé d'entrelacs de feuillages.

31 — Cachet en bronze représentant la Vérité.

32 — Vase porte-fleurs en porcelaine blanche représentant un Amour soutenant une fleur.

33 — Miniature représentant un groupe de jeunes gens se promenant dans la campagne. Cadre hexagonal.

34 — Hochet en argent orné d'un panier de fleurs, d'oiseaux et d'un mascaron.

35 — Deux petits vases à côtes en argent. xviiie siècle.

35 *bis* — Etui en agathe rubanée à monture en or ajouré et fermoir orné d'un petit diamant. époque Louis XV.

TABLEAUX ET GRAVURES

HÉDA (?)

36 — Nature morte : Buffet de cuisine chargé de victuailles, poissons, fruits, viande et ustensiles de cuisine.

HONTHORST (Guillaume van)
(1604-1683)

37 — Portrait de jeune femme peignant un portrait d'homme sur une toile supportée par un Amour.

38 — Suite de quatre peintures de l'Ecole flamande.
Seront séparées.

ECOLE FRANÇAISE

39 — Portrait de Louis XIV couronné par la Victoire.

40 — Portrait de dame tenant une rose dans sa main.
xviiie siècle.

41 — Portrait d'un poète espagnol. Portrait de dame.
Formant pendants,
xviiie siècle.

HARPIGNIES

42 — Aquarelle présentant un coin du bois de Boulogne.
Signature à gauche.

HARPIGNIES

43 — Sentier dans la forêt.
Signature à gauche.

HARPIGNIES

44 — Un Torrent à Hérisson.
Signé.

HARPIGNIES

45 — Environs de Nice.
Signature.

46 — Ménade sortant des Bacchanales.
Gravure en noir de Schenker d'après Barthélemy.

47 — Portrait de Victor Hugo.
Gravure de Massard d'après le tableau de Bonnat.
Dédicace et signature de Victor Hugo.

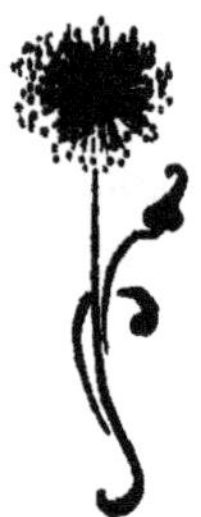

BRONZES

48 — Mortier en bronze portant l'inscription : Zeffirino Mary 172 (*sic*), orné d'un aigle et d'un mascaron. xvı^e siècle.

49 — Mortier en bronze à anses formées par des têtes de chevaux. Renaissance italienne.

5o — Paire de chenêts en bronze forme balustres. xvıı^e siècle.

51 — Brasero en cuivre martelé supporté par trois pieds, le bronze figurant des chimères à griffes.

52 — Lustre Louis XIV à vingt lumières en bronze garni de pyramides, plaquettes, boules, etc., en cristal.

53 — Lustre Louis XIV à vingt lumières en bronze doré garni de pyramides, plaquettes, larmes, boules, etc., en cristal. Il est préparé pour l'électricité.

54 — Lanterne d'antichambre en bronze garnie de vitraux et montée à l'électricité.

55 — Lampe de parquet en fer forgé, montée à l'électricité.

56 — Deux petites lampes en fer forgé, montées à l'électricité.

57 — Surtout en bronze argenté composé d'une pièce de milieu et de deux coupes.

57 *bis* — Lustre monté en cristaux de Venise.

BIJOUX

58 — Collier pendentif en argent composé d'un motif principal représentant un oiseau aux yeux et bec en rubis et de dix autres motifs, fleurs, nœuds, etc., garnis de roses et brillants de différentes tailles.

59 — Bague en or émaillé et garnie de quinze brillants table. Epoque de la Renaissance.

60 — Bague en or ornée de treize hyacinthes taillées en forme de table.

61 — Bague en or de style Renaissance avec cachet sur cornaline.

62 — Epingle de cravate en or émaillé en forme de nœud et feuillages ornés de diamants, émeraude et roses.

63 — Broche en or et argent figurant une marguerite garnie de nombreux brillants et roses.

64 — Deux pendants d'oreilles en or garnis d'émeraudes.

65 — Pendentif en filigrane d'or orné de perles baroques.

66 — Deux pendants d'oreilles en or et émail.

67 — Bourse en filigrane d'argent doré à feuillages et motifs divers, monture en vermeil ornée de mufles de lions, xviiie siècle.

68 — Broche en argent figurant des branches de fleurs et feuillages garnies de brillants et roses.

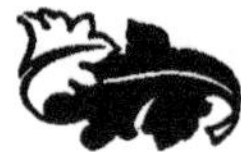

DENTELLES, ÉTOFFES

69 — Deux volants en application de Bruxelles.

70 — Une écharpe en application de Bruxelles.

71 — Un mouchoir en application de Bruxelles, trois volants dentelle.

72 — Quatre petits volants application de Bruxelles.

73 — Trois petits volants application de Bruxelles.

74 — Dentelle de Milan à vases de fleurs reliés par des entrelacs de feuillages dans lesquels se trouvent des oiseaux et des animaux chimériques.

Haut. : 0m55. Larg. : 3m40.

75 — Volant en ancienne dentelle de Milan au point lacé à entrelacs.

Long. : 4m60. Larg. : 0m41.

75 *bis* — Deux petites coupes en application de Bruxelles.

76 — Dessus de calice en point de Venise ancien.

77 — Dessus de buffet formé de carrés en toile à fils tirés et de carrés brodés de chimères et bouquets de fleurs en soie de différentes couleurs.

78 — Couvre-lit en filet orné de personnages, animaux, fleurs et feuillages.

Long. : 2m50. Larg. : 2m50.

79 — Gilet de soie noire brodé de cornes d'abondances, de fleurs et de feuillages, xviiie siècle.

80 — Dessus de lit en satin brodé à fleurs, feuillages, oiseaux et papillons.

81 — Chape en velours avec bandeau et chaperon ornés d'application.

PIERRE ET BOIS SCULPTÉS

82 — Très belle rampe d'escalier en pierre sculptée à nombreux ornements d'entrelacs, personnages et chimères entourant le motif principal qui représente la Toison d'or, xvie siècle.

Long. : 11 mètres environ. Haut. : 0m78.

83 — Saint Georges en bois sculpté et polychromé.

84 — Saint Florian en bois sculpté et polychromé. Travail allemand du xvie siècle.

MEUBLES

85 — Petit retable en bois sculpté représentant Adam et Ève sous une arcade, xve siècle.

86 — Six chaises Louis XIII, garnies de cuir peint et doré à chimères et feuillages entrelacés.

87 — Six chaises portugaises en noyer, garnies de cuir repoussé à arabesques et feuillages. Époque Louis XIII.
Seront divisées.

88 — Cabinet espagnol à huit tiroirs apparents et cinq tiroirs cachés par une porte de forme architecturale, orné d'écaille de l'Inde et garni de bronzes dorés. Table-support en marqueterie. Époque Louis XIII.

89 — Cabinet espagnol orné de marqueterie d'ivoire sur écaille, à nombreux tiroirs et monté sur griffes d'aigle, xviie siècle.

90 — Fauteuil hollandais en acajou sculpté garni de damas rouge. Époque Régence.

91 — Petite commode Louis XV à deux tiroirs en marqueterie de bois de rose et violette et garnie de bronzes dorés. Dessus marbre rouge antique.

92 — Console en bois sculpté et doré à dessus de marbre, brèche jaune fleurie. Epoque Louis XV.

93 — Buffet Liégeois à deux corps orné de sculptures à feuillages et coquilles, la partie du bas contient une tirette et de nombreux tiroirs. Epoque Louis XV.

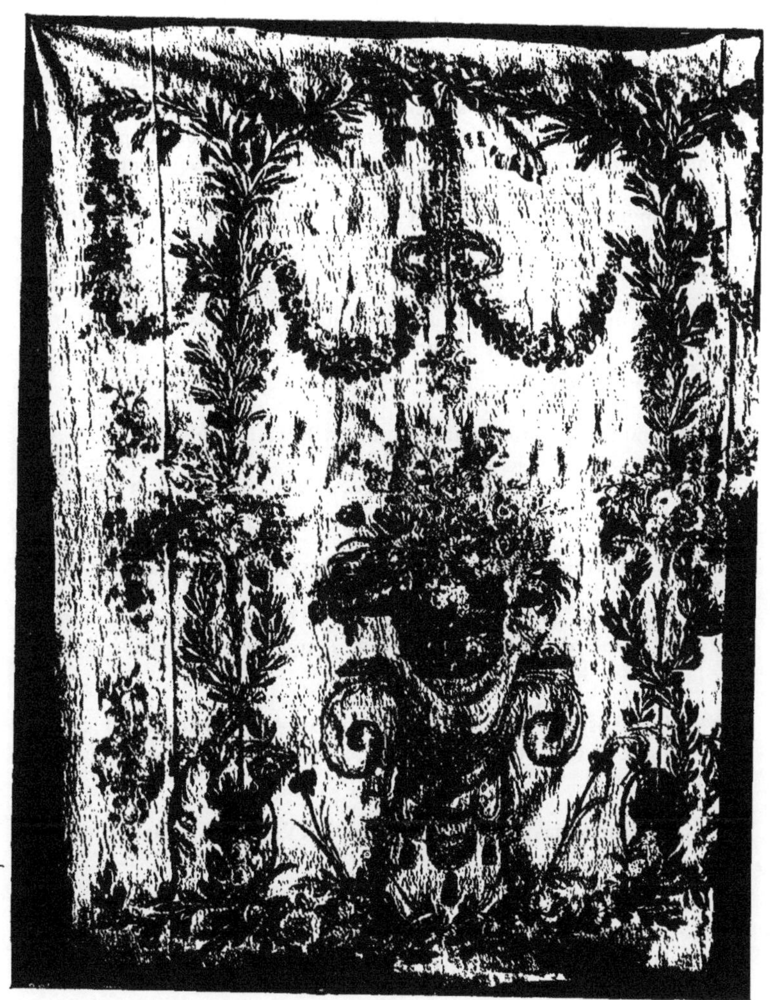

N.º 122

94 — Petite commode Louis XV en racine de noyer, à deux tiroirs garnis d'entrées en bronze.

95 — Chaise à porteur en bois sculpté et doré à feuillages et décors au vernis Martin, d'amours soutenant des guirlandes de fleurs et feuillages, sur le caisson un écusson héraldique est soutenu par des amours. Intérieur garni de velours et damas rouge. Epoque Louis XV.

96 — Commode Louis XVI à deux tiroirs en marqueterie de bois satiné simulant trois tiroirs ornés d'entrées et anneaux en bronze. Dessus marbre Sainte-Anne.

97 — Deux meubles à hauteur d'appui Louis XVI en acajou, garnis de filets en cuivre. Dessus marbre blanc.

Seront divisés

98 — Grand bahut de forme architecturale. Epoque Louis XIII.

99 — Bureau de style Régence en marqueterie de bois de rose et violette garni de bronzes.

100 — Table ovale en acajou à un tiroir. Style anglais du xviii° siècle.

101 — Meuble de salon de style Louis XVI en bois sculpté et doré garni de moire broché et piquée d'or, composé de : un canapé, deux fauteuils et deux chaises.

102 — Six chaises Louis XVI en bois sculpté et peint, garnies de peluche.

103 — Deux fauteuils bonne femme en bois doré et canné, coussins en soie brochée.

104 — Banquette de piano de style Louis XVI en bois sculpté et doré garni de soie brochée à fleurettes.

105 — Table à ouvrage de style Louis XV à décor vernis Martin.

106 — Meuble à hauteur d'appui en marqueterie genre de Boulle.

107 — Petite chaise basse dite coin de feu garnie de tapisserie au point.

108 — Table à jeu en marqueterie de bois garnie de bronzes dorés. Style Louis XV.

109 — Table à jeu Louis XVI en marqueterie de bois de rose et amaranthe, dessus à damier.

110 — Petit fauteuil.

111 — Jardinière en bois sculpté et doré.

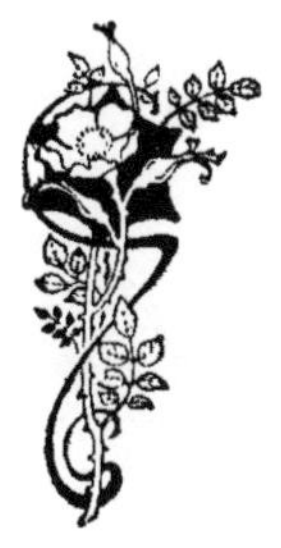

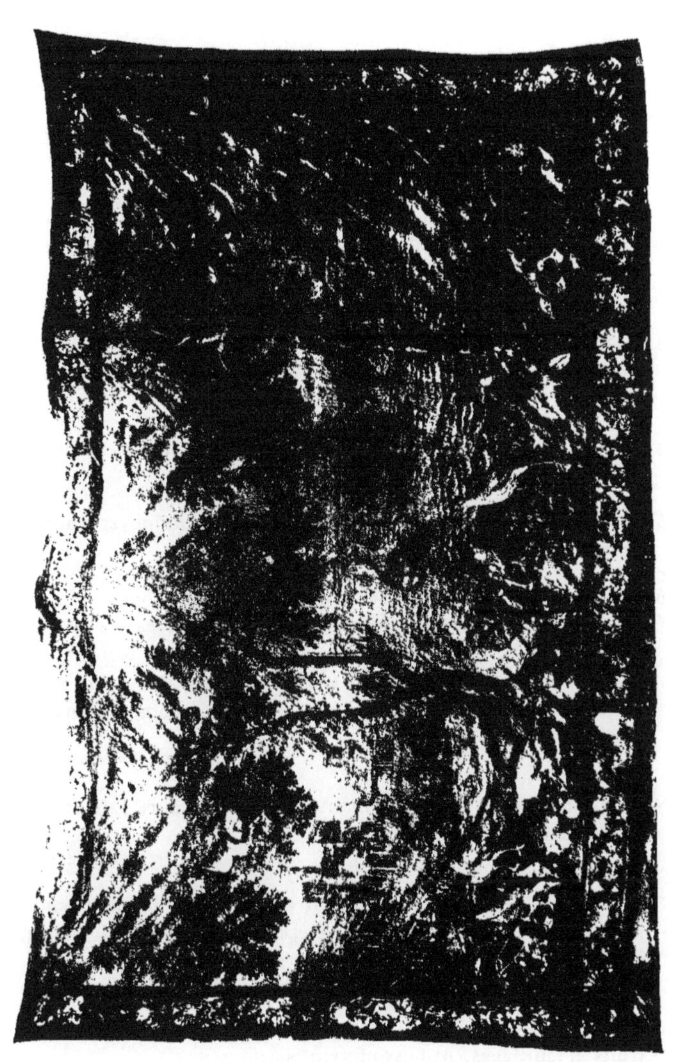

N° 123

TAPISSERIES

112 — Meuble de salon en bois sculpté et ciré garni de tapisserie au point à personnages et fleurs comprenant un canapé et dix fauteuils. **Epoque de la Régence.**

Les sculptures et les tapisseries sont toutes différentes pour chaque meuble.

113 — Ecran en bois sculpté et doré de l'époque L. XV, la feuille en tapisserie représente le sacrifice d'Abraham au petit point encadré d'entrelacs de fleurs et feuillages au point.

114 — Ecran en ancienne tapisserie d'Aubusson à fleurs, feuillages et oiseaux, monté sur bois de noyer sculpté.

115 — Ecran en tapisserie au point monté sur bois de noyer sculpté de style Louis XVI.

116 — Tapisserie-verdure présentant à gauche une fontaine sous un portique orné de pampres de vignes et de feuillages, à droite une montagne avec château et ruines. Le cadre est formé par des colonnes à volutes et chapitaux soutenant une traverse orné d'oves et d'un archange par le milieu. Bruxelles, commencement du XVIIᵉ siècle.

Haut. : 3ᵐ40. : Larg. : 4ᵐ.

117 — Tapisserie-verdure présentant un parc. Bordure à fruits, fleurs et feuillages.

Haut. : 2ᵐ60. Larg. 2ᵐ35.

118 — Tapisserie-verdure d'Aubusson représentant un parc comprenant de nombreux arbres, une pièce d'eau et volatiles. Bordure à cartouches reliés par des fruits, fleurs et feuillages. XVIIIᵉ siècle.

Haut. : 3ᵐ30. Larg. : 3ᵐ30.

119 Tapisserie-verdure ornée d'arbres et paysages. Bordure à fleurs, fruits et feuillages. Aubusson XVIIIᵉ siècle.

Haut. 2ᵐ70. Larg. : 3ᵐ50.

120 — Tapisserie-verdure d'Aubusson présentant un château-fort et animée d'oiseaux et chien. Bordure à fleurs et feuillages. xviiie siècle.

Haut. : 2m;5. Long. : 2m95.

121 — Tapisserie-verdure d'Aubusson agrémentée de paysages, moulin et oiseaux. Bordure à fleurs et feuillages. xviiie siècle.

Haut. : 2m70. Larg. 2m85.

122 — Joli panneau en fine tapisserie (Gobelins ou Beauvais ?) du temps de Louis XVI d'après les cartons de Salembier présentant dans le milieu une corbeille de fleurs sur un socle drapé et surmontée d'un couronnement de guirlandes de roses et feuillages. De chaque côté des cornets contenant des bouquets de roses se relient par des guirlandes de fleurs et feuillages pour former l'encadrement.

Haut. : 2m45. Larg : 1m80.

123 — Tapisserie rectangulaire d'Aubusson présentant un port de mer dans lequel sont ancrés des vaisseaux de guerre ; sur la plage qui est animée de petits personnages et d'oiseaux de mer s'élèvent un château-fort et diverses constructions avec des arbres contenant des volatiles. Bordure ornée de coquilles et entrelacs de fleurs et feuillages. Commencement du xviiie siècle.

Haut. : 3 m. Larg. 5m05.

124 — Une bordure tapisserie.

125 — Objets omis.

www.ingramcontent.com/pod-product-compliance
Ingram Content Group UK Ltd.
Pitfield, Milton Keynes, MK11 3LW, UK
UKHW031716170726
13836UKWH00001B/284